JN440766

별을 모으는 밤

별을 모으는 밤

이원문 시집

책나무출판사

목차

1부

2부

3부

4부

• 1부 •

오월의 하늘

푸르른 산과 들
저 높은 하늘에
구름만 있는 줄 알았는데
누런 송홧가루에 그리움만 가득 했다

굶주림의 그날
그리움의 그날
나 여기까지 어떻게 왔나
별나라에 울엄마 따라 가고 싶었던 날

그 파란 하늘에
구름이 없었다
누런 송홧가루만 날렸고
엄마의 그리움만 하늘 높이 올랐다

먼 옛날 아픈날
허기의 그날들
나 여기가 그날의 꿈인가
먼 훗날 된 이 오늘 하늘 한 번 올려본다

찔레꽃의 노을

작년 그 작년
네 하얀 찔레꽃
네 하얀 꽃에
바람 불던 날
다음을 기약 하며
오늘을 기다렸다

하얀 꽃송이
가냘픈 너의 꽃
네 하얀 꽃에
이슬 앉던 날
그 약속 기다리며
오늘 너를 찾았다

아카시아꽃

네 하얀 아카시아꽃
너의 가지 휘어 한 줌 훑던 날
하얀 네 꽃에서 인생을 배웠고
날아든 벌에게 세상 이야기를 들었다

들려오는 산새 소리
새는 나에게 무엇을 가르치나
밭둑 길 따라 기슭 오르는 길
헤칠 것 많은 길 거치른 세상을 배웠다

네 하얀 아카시아꽃
네 꽃 그 교훈을 어찌 잊을까
오늘도 한 줌 훑어 입에 넣는다
듣고 배운 거치른 길 그 길을 걷는다

오월의 그림

하루가 다르고
단 사흘이 다른 오월
앞산자락 보리밭
풋보리 익어 가고

산과 들 파란히
피었다 지는 그 꽃들
들꽃의 그 많은 꽃
어느 꽃이 눈에 띌까

여기 저기 피는 꽃
부끄러운 꽃 이름들
볼수록 아름다운
조상이 지은 꽃 이름들

우리 말의 그 꽃 이름
그 시절에는 그랬었잖나
귀찮아해 지은 풀꽃 이름
추억 한곳에 피어 얼마나 예쁜가

냇둑 길 따라 오르는 길
봇물에 어린 아카시아꽃
징검다리 건너편
찔레 넝쿨에 찔레꽃

파란 하늘 파란 들
산새 소리 들려온다
논길 따라 들어온 집
제비 식구 반겨주고

쌈거리 뜯는 어머니
저녁 밥상 언제 차려주나
우물둥치의 앵두나무
퍼런 앵두 익혀간다

하얀 언덕

누가 나를 부를까
혼잣말에 돌아보면 아무도 없고
찾는 이 없는 언덕 꽃들이 대답한다

그 시절 나의 꽃
이 꽃에서 저 꽃으로
어느 꽃에 눈을 뗄까

올려보면 아카시아
아래로 찔레넝쿨
아직 이른 이두 꽃 며칠 있어 피어날까

기다릴 열흘
조바심의 하얀 언덕
그때 되면 아카시아 찔레꽃도 피겠지

존재

한번 왔다
한 번으로 가는 길
그 길 목의 나
나는 누구일까

석양에 버린 마음
노을에 젖어들고
젖어든 그 마음
어둠이 가린다

오월의 등잔

바늘 귀에 실 못 끼어
실 끼어 달라 하는 어머니
눈이 침침하다 하는 어머니
어머니의 눈꺼플 자꾸 내려 오셨지요

옷가지 양말떼기
틀어지고 찢어진 옷
어머니의 옷은 언제 꿰메 시렵니까
어둡다 등잔 심지 올려 코 까맣게 끄을린 어머니

꿰멘 옷 안 입는다
우리들의 그 투정
그 투정에 어머니는
몇 번의 쌀독을 들여다 보셨는지요

긴긴 해의 오월 들녘
논밭 일 저녁 밥상 걱정 되셨지요
식구들 반찬 투정에 이것 저것 내놓아라
할머니의 눈초리는 어떠하셨는지요

몸살에 아파도
지친 몸에 힘들어도
그 몸에 우리들이 더 걱정 되었던 어머니
오월 등잔의 짧은 밤 먼동에 새날이 밝아 오고 있어요

5학년의 일기

추억 저 멀리
아련한 그 시절
국민학교 5학년 그 교실로 들어간다
양초로 문질러 나무교실 바닥에 윤이 났던 나의 교실
창문 밖 화단에 크고 작은 꽃 피어 있고
꽃 이름은 잊었으나 그 꽃들 피어 있다

스승의 날 이 무렵
가기 싫은 학교
어떻게 가야 하나
책보자기 둘러 메고 문밖 나서니
가는 길 아이들에게 매 맞아야 하고
교실 안 따돌림에 선생님의 구박이 걱정 된다

누더기 이 옷에 침 뱉는 아이들
뱉은 침은 괜찮은데
선생님 구박에 더 괴롭고
나와 함께 할 동무 없어 날마다 외로웠다
보릿고개 넘는 나 이 마음을 누가 알까
아이들도 선생님도 찌지레기 나를 미워 했다

교실 안의 무서운 선생님
5학년 가슴에 못 박은 선생님
큰 잘못 없는 나 나에게 그렇게 해야 했었는지
슬리퍼 벗어 귀싸대기 때리시더니
물 주전자 옆 사기 컵으로 나의 머리를 여러번 찍어 내렸다
부스럼의 나의 머리는 퉁퉁부어 피 맺혔고

그래도 집에 가면
혼날까봐 말 못 하고
엉긴 피에 부스럼만 더 크게 번졌다
때리면 맞고 따돌림에 혼자였던 나
관심 밖의 선생님께 더 맞을까 걱정 되었던 나
그래도 나는 선생님 눈에 들어보려 온갖 노력을 다 했다

선생님 제가 잘못 했어요
그러는 선생님은 나에게 그렇게 해야 했나요
우리 면 안 기관장들과 마시는 술은 어떠 했나요
부자집 유지들과 저녁 술은 괜찮았고요
얼근히 마신 술에 교실 안의 선생님 모습
저는 책 속에 그 지식 보다 선생님께 배우는
내일의 인생이 더 중요 했답니다

그리운 얼굴

오월의 꽃이 그렇듯
그 시절 함께 했던
동무 이웃이 그립고
오월 이맘때면 더 그립다

시골 길 걷다 보면
흔히 보는 그 꽃들
마주 했던 동무들은
어디에 가야 볼 수 있나

끊긴 소식 흐린 얼굴
떠오르는 그 옛날들
울고 웃던 이 오월
그 시절만 스쳐 간다

잃어버린 봄

아카시아꽃 주렁주렁
기슴 한곳 찔레꽃
찔레꽃 그리움
하늘에 얹어지고

아카시아꽃의 서러움
보리밭에 앉는다
가냘픈 찔레꽃
바람 불면 어쩌나

저 아카시아꽃 날리면
뻐꾹새 찾아오고
찔레꽃 진 기슴
그 뻐꾹새 울겠지

오월의 생각

조용히 모으는 마음
무엇이 떠오를까
이 생각 저 생각
지나온 날 먼 훗날인가

이 자리의 옛 오월
그 꽃피고 새운다
못 잊을 교훈의 달
쓰디 쓴 그날들

오늘이 그 먼 훗날
이 자리의 나였나
그때 못 보았던
관심 밖 꽃 바라보면

이제 눈 안의 그 들꽃
다시 바라보아지고
올려 보는 하늘 멀리
허공에 빠져든다

떠나는 봄

오월도 열흘 남짓
이제 봄이 떠나는가
찔레꽃에 꿈 묻고
아카시아꽃 바라보는 날
마지막 봄의 꽃으로 어느 꽃이 될까

닷새 지나 또 닷새
산 기슭의 찔레꽃
쥔 아카시아꽃
바람에 날리리는날
봇도랑 송홧가루 흙 속에 묻히겠지

봄 떠난 그 며칠
언제온 봄이였던가
앵두 붉어 앵두 따고
달콤한 벚 오디 입에 넣으면
찾아온 뻐꾹새 앞산에서 울겠지

등창

그 욕심 채우기 위해
어떻게 했나
한 번 더 웃어 보려
이웃에게 어떻게 했고

때 되면 채운 것도
웃어본 그 웃음도
며칠 내의 내 것이요
누구의 것이 아니다

세월에게 맡겨놓고
영원할 것처럼
웃어본 그 웃음이
또 있을 것 처럼

누구의 것 아닌
바로 내 것인것을
그 이웃 바라보고
나 한 번 보았는가

오월 바람

푸르른 산과 들
아름답구나
냇가로 불면
버드나무 춤추고
산으로 불면
아카시아꽃 날린다

춥지도 덥지도
시원하구나
서산 저 멀리
흰 구름 들어오고
어느새 멎어
저녁노을 지는구나

유월 문턱

이른 봄 늦은 봄 슬며시 오더니
떠날 때도 그때처럼 꽃 지우며 떠난다
날리는 아카시아꽃 가냘픈 찔레꽃
며칠 있어 다 지우면 마지막 꽃이 될까

앵두 붉어 앵두 익고 벚 오디 익으면
들어선 유월 문턱 그 초여름이 되겠지
보리밭 누런히 밤꽃 향기 내려 앉고
집 울 뒤 감꽃 대추 또 어느 꽃이 필까

그렇게 저렇게 가는 봄 오는 여름
감꽃 떨어지고 대추 꼬다리 매달리면
뽕밭 위 뻐꾹새 울음 메아리에 실리고
그 다음 뜸북새 다랑이 논 찾겠지

고향의 유월

다시 찾는 고향의 유월
어느 곳을 찾아 갈까
그 시절 이맘때면
늘 찾아 다녔던 곳

산으로 들로 냇가로
안 찾은 곳이 어디에 있고
입에 넣었던 벚 오디
그 맛을 어찌 잊을까

산에 올라 벚 따고
뽕밭에 숨어 오디 얻고
고기잡이의 그 냇가
뻐꾹새 울음도 한 몫 했다

유월의 굴뚝

그 보라의 오동나무꽃
날리는 아카시아꽃으로
이 오월이 저무는가
덮다 하는 그 여름
초여름에 들어섰고

넘어온 여름 문턱
뻐꾹새 울음 들린다
바쁜 들녘 바쁜 손
어느 일이 먼저일까

모자라는 한 나절
모내기에 파종 하고
영그는 보리 이삭인가
고향의 저녁연기
하루를 모은다

유월의 노을

먼 나라 같은
먼 옛날
아련한 그 옛날

보이는 하늘
더 멀고
흰 구름 흐른다

뜸북새 울음
뻐꾹새
아직도 우는지

그리움 멀리
가고픈
내 고향이어라

노을 진 논길
그 노을
또 보고 싶어라

고향의 뻐꾹새

앞산 자락 보리밭 위
너의 울음을 어찌 잊을까
이쪽에서 울면 이쪽 바라보고
저쪽에서 울면 저쪽 바라보던 날
네 울음에 섞이는 그리움 아직 그대로
서러움도 그 한 몫 너의 울음에 실렸다

나는 배웠다 너의 울음에서 인생을 배웠다
그리움이 운명일까 아니면 서러움일까
너의 울음이 멀면 그리움도 멀어졌고
가까이 들리면 그 서러움도 가까웠다
나만이 아는 길인가 너의 울음에 섞인 운명의 길을
나 다시 내 고향으로 돌아가리라

그 섬

찾아온 이 작은 섬
몇 번을 찾아 왔나
그려보는 그리움
멀리서 다가 오고
보이는 섬 하나 둘
추억에 어린다

잃어버린 발자국
어디쯤 걸어 왔나
오늘 이 흔적마다
물거품이 지우고
그 약속의 먼 훗날
추억에 잠든다

• 2부 •

인생의 계절

춤추는 봄버들이 가을을 알겠나
바뀌는 인생의 계절
비 오는 날 눈 맞고
눈 오는 날 비 맞았다

하루 일 년 저물듯 저무는 인생
바뀌는 눈 안의 계절
더운 여름 눈 오고
추운 겨울 비 내렸다

구름만이 아는 늙음의 계절인가
들려오는 철새 울음
피는 꽃의 계절은
그대로 제철이건만

어찌 된 계절이 건너 뛰고 섞여지나
서럽도다 서러워라
더 멀어진 그 세월
쥔 이 부채 접혀진다

뻐꾹새 언덕

마음 모은 산등성이
오월 그믐 이맘때면
뻐꾹새 울었고
그 뻐꾹새 울음에
풋보리 영글었다

내려 보이는 저 들녘
저 논 꽉 들어차 비 내리면
청개구리 맹꽁이
그 다음 뜸북새
지난 세월 읽었다

섬 하늘

바다 끝 닿은 듯
그 곳은 어디일까
수평선 닿은 하늘
끝은 있는 것인지

거센 파도 밀려와
바위에 부딪치고
한 곳은 휩쓸며
그 흔적 지운다

사랑의 노을

잃은 이름도 아니고
지운 모습도 아니다
그저 어렴풋한 그 모습
처음은 그렇게 뚜렸 했는데
시간이 지나면 이런 것인지

아니 세월이 흐르면
모두가 다 희미하게
추억에 잠드는 것인지
못 잊던 그 처음 아름다운 날
회상의 옛 노을에 붉게 물든다

뜸북새의 슬픔

그날의 유월을 어찌 잊을까
잊었어도 떠오르고
이맘때면 스쳐간다
고요한 것인지
적막한 것인지
논병아리 나들이의 다랑이 논 기슭
뻐꾹새 뜸북새 적막을 깨웠지

가버린 그날을 어찌 잊을까
뻐꾹새의 그리움
뜸북이에게 전하고
뜸북새의 외로움
뻐꾸기에게 전해던 날
그 논 기슭 찾던 아이 어디에서 사는지
지금쯤 그 아이 그 기슭 찾지 않을까

유월의 교훈

들어서는 이 초여름
날마다 보이는 산
먼 하늘 그대로
들리는 새소리 하나
다를바 없다

무엇에게 무엇을
어떻게 배울까
뻐꾹새 뜸북새
그리고 파란 들
이 마음 읽어 줄
들꽃은 어떠한가

입에 넣은 벚 오디
올라선 보릿고개
그 봄지나면 이런것인가
뻐꾹새 뜸북새 인생을 가르치고
노을 진 들길 내일을 가르친다

밤꽃의 일기

이 산자락의 그리움
어느 하늘에 닿을까
그 작년에 그렇듯
작년에도 그렇고
올해는 더 일찌기
그 메아리에 실렸다

실가닥 그리움
더 멀어져간 산골
먼 뻐꾹새 울음에
더 멀어져 갔나
내려 앉는 밤꽃 향기
저녁 노을에 젖는다

유월의 들녘

모내기 끝난 들녘
바람 시원하고
벌어지는 벼 포기
논 바닥 덮어간다

아카시아꽃 날리던 날
꽂아놓은 모인데
그 며칠 뿌리 내려
이 논 바닥 메워 가나

조금 더 있으면
뜸북새 우는 들녘
점심 나절 뻐꾹새 울음
언제 멎을까

오디 따던 아이들
들길 따라 들어오고
울 밑의 빨간 앵두
아이들 발 묶는다

현충일

순국선열 호국영령이시여
그 하늘 그대로 구름 흐르고
철새 날아와 당신을 기다리고 있습니다

순국선열 호국영령이시여
잠든 어머니 가슴 그 할미꽃
냇가길 그 들꽃 아직 피어나고 있습니다

순국선열 호국영령이시여
당신이 다녔던 곳마다
그 흔적 오늘도 당신을 그리고 있습니다

순국선열 호국영령이시여
밤하늘 은하수 맡은 별자리
지금도 여름 밤이면 당신을 찾고 있습니다

비 오는 유월

낙숫물 하염없이 돌 틈에 스며들고
궂은 비 오는 앞산 뻐꾹새 울어댄다
이 날 거둬들면 어느 쪽으로 날아갈까
대청마루 한 구석 비 맞은 제비 웅크리고
떨어지는 낙숫물 그날을 모은다

뜨락의 돌만큼이나 무뎌진 세월
무엇 하다 모두 흘려 보낸 그 세월인가
궂은 비에 섞이는 수많은 기억들
들여놓은 고무신 튄 비에 젖는다
이 생각 저 생각 옛 생각에 젖는 마음

논 흙치기 보리 타작 언제 다 할까
이 비 끝나면 보리 이삭 고쉴 것이고
텃밭에 풀은 얼마나 자랄까
유월의 궂은 비 하염 없어라
바라보는 낙숫물에 그 시간 묻는다

학의천의 노을

백운호수의 맑은 물
어디로 흘러가나
못 잊어 찾은 철새
아래 위로 날아들고
고기 떼 수초 찾아
거슬러 오른다

철 따라 피는 들꽃
누구의 고향일까
노을의 학의천 길
머물고 싶어라
날아든 학 두리번
걷는 이 바라본다

아가의 꿈

일손 바쁜 들녘의 일
집안에 누가 있나
아가 혼자 잠든 집
제비 식구 내려보고
깨어난 아가의 울음
더 갸웃둥 내려본다

울다 지친 우리 아가
가엾은 우리 아가
응석 받아 줄 사람 없어
문간 개 찾아 꼬집고
우물둥치로 가더니
떠놓은 물 퍼 끼얹는다

이래 저래 기다림
누가 부르고 찾을까
누구라도 부르면
곧 터질듯한 울음
울 밑 앵두나무 찾아
빨간 앵두 올려본다

고향의 하늘

날마다 올려본 머리 위의 하늘이었는데
바라보면 볼수록 더 멀어져 가늘고
가늘어도 끝 찾으면 옛날만 가물댄다

실 가닥에 매달려 아른대는 그날들
잃어도 잊어도 안 떨어지는 것이 그날들인가
어느 것 하나 안 스치는 것 없고 철 따라 피는 꽃까지
아련한 그림으로 마음 가득 메워져간다

어디 그것뿐이겠는가 아물지 않은 상처는 어떻고
철새 또한 찾아와 그 곳에서 울고 날으니
안 닫히는 마음 괴롭기도 하고
그 상처에 머물러 하늘 다시 올려본다

구름의 흔적

온 것처럼 가야 할 곳
그곳이 어디인가
내가 아니 네가 알까
그렇게 가야 하는 것인지

저 산 넘으면
강 건너야 하고
강 건너 산 넘으면
또 어디로 가나

흔적 없이 그렇게
뒤 안 보고 가는 곳
네가 아니 내가 알까
이곳 다시 찾아올 것인지

철새의 슬픔

젖어드는 고향 생각
이 타향이 유월이면
고향의 유월은 아니겠는가
힘들어 보는 하늘 구름 흐르고
시절의 먼 생각 아련히 스쳐간다
다녔던 곳마다 이제 보이는 들꽃들

뽕밭에 숨어 오디 한 줌 따고
그 오디 입에 넣으며 듣던 뻐꾹새 울음
기슭의 그 뻐꾹새 왜 그리 슬피 울어 댔던지
오는 길 들딸기 그 오디 맛만이나 할까
집 가까이 들어서면 담 넘어온 빨간 앵두
그 유혹 어찌 할까 여운의 기억 못 잊는다

내일은 비가 올까
비 오는 날이면 밀 부침게 먹는 날
할머니가 솥뚜껑에 부쳐줘 먹던 밀 부침게
비가 와야 얻어 먹는 그 밀 부침게가 아닌가
먼 논 뜸북새도 비 오는 날이면 더 슬피 울었고
가슴에 묻은 그 시절 뜸북새
그 울음에 하늘 한 번 더 올려본다

유월 장의 노을

보리 방아 찧어 항아리에 가득 하고
벌어지는 벼 포기 하루가 다르다
바쁜 손의 쉴참 며칠이 될까
텃밭에 풀은 그대로인데

돌아오는 그믐장 사람 구경이나 갈까
칠홉 부은 항아리의 쌀 얼마만큼 떠 내야 하나
한 말은 이발소 줘야 하고 서너말은 꾼 것 갚고
그러면 바닥에 얼마 안 남을 것인데

반 말을 퍼낼까 한 말을 퍼낼까
살 것 많은 그믐 날 장 무엇을 사야 하나
양잿물에 바느질 실 어머니의 박하 사탕
생선 한 손 집으면 얼마나 남을래나

살 것 많은 셈 안의 장 무엇을 얼마나 사나
무거운 마음의 장터길 인 보리쌀 짓누르고
앉아 쉬어 가자 하니 뻐꾹새 울음 멀어진다
오는 이 가는 이 인사 하기 바쁜 길

장터 안 들어서니 눈 안의 것 다 사고 싶고
엿장수의 가위질 다른 한곳 각설이타령
약 장수 넋살에 장 안 한 바퀴 둘러보니
기다리는 아이들 눈에 밟힌다

무엇을 사고 안 사야 하나
집안 식구 한 마디씩 어떻게 듣나
저물녘 오는 길 산 그림자 길어지고
뜸북새 울음 멎은 듯 노을저간다

어머니의 노을

두른 수건 벗어놓고 옷고름 풀으니
저녁바람 시원히 하루를 식힌다
바라보는 저 들녘 고된 봄의 보람인가
가장자리의 우리 논이 더 푸른 것 같다

이 평생 여기 이 밭
몇 번을 드나들었던 세월인가
운명 따라 여기 올때
저 산 모퉁이가 엊그제 같은데

어느새 흰 머리 그 세월 어디 갔나
처음 올때 흘린 눈물
그 눈물도 마르는구나
무엇이 서러워 그리 울어댔던지

보따리로 닦던 눈물
세월이 흘러가면
그 눈물도 마르는 것인지
친정 생각에 날마다 울던 날

이제 그 늙은 친정
어디 가서 찾을까
아이들 다 컸으니
부끄럽기도 하고

잃어버린 그 세월
서럽기도 하다
내일 이 밭 다시 찾아
남은 풀 뽑아야 하나

모레쯤 봉밭으로 얼마나 뜨거울까
뜨거워도 뻐꾹새 나 잊지 않겠지
지친 몸 추수리니
이제 썰렁하구나

거둬드는 산 그림자
날 저무니 그만 집에 가라하니
나 기다리는 식구들
부엌에 들어가 무엇부터 해야 하나

저무는 하루의 들녘
저녁바람에 시원하고
적삼 여며 쥔 호미
노을에 젖는다

노을의 섬

찾은 섬 여기 이곳
누가 나와 함께 할까

바라보는 저 먼 섬
그 먼 옛날 그리워라

다가오는 외로움
파도 따라 들어오고

그 추억 돌아서며
남긴 흔적 지워준다

다음이 부딪치면
물거품이 되는 건가

약속이 남긴 먼 훗날
파도 따라 돌아간다

고향의 시간

낙엽 떨어진 가을날
그렇게 쓸쓸하더니
하얀 눈에 겨울날
바람 불어 추웠다
보는 눈이 추웠는데
앉은 새는 안 추웠겠나
바라보는 들녘에
흰 눈날리며 쌓였고

그렇게 저렇게
나무 지게로 보낸 겨울
아래목 그 며칠
설 보름에 즐거웠고
즐거움도 그 며칠
봄바람이 눈 녹였다
멎지 않는 그 바람이
잠든 생명 깨웠고

움 나오고 싹 돋으니
찾은 양지 따뜻하다

집 울 뒤로 들녘으로
바구니든 아이들
높이 뜬 종달새 보리밭 나부낀다
찾은 제비 집 짓고
버드나무 춤 추고
꽃으로 수놓은 봄날의 그림인가

슬며시 지우더니
파란 세상으로 덮힌다
양지가 뜨거워 비켜서는 음지녘
나부끼던 보리밭 옆 벼 잎새 나부끼고
장마에 불어난 물 모두 쓸어내린다
뜨거움에 피는 들꽃 더 예쁘게 피어나고
철새 울음의 뻐꾹새 뜸북새 꾀꼬리도 그 한몫
뜨락에 채송화 봉숭아 잠든다

• 3부 •

뜸북새의 기억

산딸기 찾아 오르는 기슭
오른 기슭 산자락 뻐꾹새 울고
산 넘는 흰 구름 또 하나 들어온다

이 고요의 기슭 산딸기만 있겠나
외로운 운명의 길 구름 위에 걸치고
다랑이 논의 뜸북새 그 길을 읽는다

찌르는 가시 덤불에 얽히는 어린 운명
누더기 찢어놓고 마음까지 얽어놓나
상처는 안 아픈데 마음이 아프다

뜸북새가 읽어 주는 운명의 길
무엇을 알아 듣고 못 알아 들을까
입에 넣은 산딸기에 모두 묻힌다

해당화 언덕

해당화의 먼 훗날
파도 따라 들어오고
들어온 먼 훗날
바위에 부딪친다

밀려와 부딪치고
다시 밀어 휩쓸고
해당화의 하얀 날
그 하얀 날인가

섬 바람이 여미는 꽃
파도 소리 쓸쓸하고
물거품의 그리움
저녁노을에 젖는다

하얀 그날

아무 것도 아닌데
돌아보아야 보이는지
누가 묻는다면
어떻게 대답할까

그 시간 가물가물
나 어디서 무엇 했고
여기까지 오는 길목
무엇이 놓여 있었나

그것도 저것도
다 하얗게 바랜 시간
끌고온 이 시간이
여기까지 데려 왔나

웃음 섞인 눈물에
울어도 보았고
눈물 섞인 기쁨에
웃어도 보았다

여치의 꿈

보리짚 마디 잘라 추려놓은 보리짚
이 작은 소쿠리에 보리짚만 담겼겠나
오늘은 더 예쁘게 어떻게 엮을까
이렇게 한 뼘 저렇게 손마디
한 뼘의 길이로 옆으로 돌려 엮고
손마디쯤 남으면 끼워가며 연결 한다
마루 끝 이 여치집 어느 여치의 꿈이 담길까

엮어도 엮어도 예쁘지 않은 여치집
누나의 것 훔쳐보고 흉내 내며 따라 엮고
아무리 잘 엮어도 내 것은 비틀린다
어떻게 엮었길래 동생의 것이 더 예쁜가
훔쳐 보아도 않되고 흉내내도 안 엮이고
시기에 싫증 나는 마루 끝 여치집
보리짚 모자란다 싸움이 앞선다

그렇게 저렇게 어렵살이 만든 여치집
내 것에는 여치의 꿈 누나의 것에는 봉숭아의 꿈
동생의 것에는 어느 꿈이 담겨질까
여치 찾으러 나가는 길 여치의 꿈 끝 없어라

옥수수밭 지나는 길 옥수수잎 비벼지는 소리
올려 보는 하늘에 흰 구름 흐르고
멀리 보이는 원두막 여치의 꿈 바라본다

베짱이의 노을

서쪽 하늘 멀리 저녁노을에물들고
마당 끝 댑싸리 아이들 기다린다
이쪽 노을 붉게 또 한 곳 더 붉게
옥수수 입에 물고 바라보는 노을
베짱이 울음에 더 붉게 타오른다

아이들 하나 둘 누가 먼저 찾아 올까
댑싸리 밑 검둥개 아이들 기다린다
저 노을 지워지면 술래잡기의 밤이 되나
술래잡기 끝나면 어느 별이 내 별이 될까
별자리 맡는 밤 기다려진다

뻐꾹새의 그날

뻐꾹새 울음 멎으면
어디로 가야 하나
뽕밭에 숨어들어
오디 따 입에 넣고
또 한 줌 따려하니
보이는 하늘 멀어진다

하늘이 멀어지면
뻐꾹새 울음도 멀어지나
들리는 듯 들리는 듯
나 어디로 가라 하나
멎지 않고 멀어진
실가닥의 뻐꾹새 울음

무엇을 가르치려
오디 맛에 섞였는지
뜨거워 앉은 이 기슭
어린 운명의 그늘인가
뻐꾹새 울음 끊어질 듯
인생을 가르친다

유월의 그늘

저무는 하루 한 달
이 하루 한 달만 저물겠는가
흐르는 세월에 저 구름을 어떻게 막을까
엊그제 꽂은 모 포기 벌어 올라오니
보이며 울던 뜸북새도 안 보이는구나
기우는 유월이라 음력으로 오월 스므댓새
양력으로 칠월이면 음력으로 유월인가
팔월이면 음력 칠월 며칠이나 더울까

그 한 달 넘짓 넘고나면
찬 바람의 음력 팔월
그 팔월 넘어서면 거둬 들여야 하나
덥다 하는 여름이 짧게 느껴지는구나
아니면 가는 세월에 주눅든 마음인가
뜸북새 뻐꾹새 모두 떠난 여름
그러면 수수밭 위 보름달 떠 비추고
들어오는 기러기 떼 서산 넘어가겠지

0시의 시계

뜨는 해
지는 해를 몇 번 보았나

때 되면
그 밝은 달을 몇 번 보았고

보이는
이 눈 안의 것이 다 무엇인가

들려와
귀에 담은 이 소리는 누구의 것이고

그 욕심
나의 것인 줄 알았던 나 아무 것도 없었다

밤하늘
저 많은 별 처럼 세어 보면 또 나와 셀 수도 없었고

유월의 미련

엊그제 그 유월이
반 년으로 저무는가
이 밤꽃 지우며
어디로 떠나가나

반 년 떼어 가는 곳
다시 이곳 찾아 올지
뻐꾹새 뜸북새
아직 못 떠났는데

설한이 무서워
그리 빨리 서둘렀나
뜨거운 여름날
이 뜨락이 싫었던가

또 반 년 칠월 오면
그때부터 뜨거운 날
원두막 가는 길
옥수수잎 비벼댄다

월남의 달

이 기다림의 유월이 다 가는구나
철새 찾아와 저리 울어대는데
문밖에 누가 오나 내다보면 아니고
인기척인 것 같아 다시 보면 그것도 아니다
내 아이 그 어린 것에게 무엇을 해 먹였나
없는 살림에 부족 하니 해 먹인 것도 없고
그저 일만 하다 군대 간다는 아이
가는 날도 못 보고 못 먹여 보냈다
괴기(고기) 한 근이면 되는 것을 그것도 없었나
한 번 언제 휴가 나와 월남 간다는 아이
월남이 어디이고 뭐 하는 나라인 줄 몰랐다
거기 가서 돈 많이 벌어 온다 하던 아이
이웃이 그러 하니 나도 그것만 기다리지 않았나
이 때나 오나 저 때나 오나 언제 온단 말인가
오면은 테레비에 소리 듣는 전축의 꿈도 있었다
오래 된 유성기는 그집 하나뿐인데
우리도 새유성기에 테레비도 놓을 수 있을까
온다는 아이 기다려지는 마음 언제나 오나
어제도 기다리고 오늘도 기다리고
내일 무슨 소식에 온다는 소식 없을까

기다린 내일 그 내일이 오늘 되어온 소식
청천벽력 이 말이 왠말인가
글 몰라 이웃에게 물어본 편지
월남 전쟁에 죽었다 하니 이게 무슨 말인가
남의 편지가 잘못 온 것은 아닌지
떨리는 손에든 편지 또 다른 집에 물어봐도 그렇게 대답한다
내 아들이 죽었구나 돈 벌어 온다던 내 아들이
내려 앉는 가슴 쓸어 내려도 메이고
땀 아닌 진땀이 손 안까지 흐르는구나
눈물로 적신 편지 그 편지 가슴에 묻고
몇 날 며칠 밤새우며 내 아들을 얼마나 불렀나
듣기에 그 나라는 밀림에 여기 여름처럼 무덥고
산짐승에 독사 독충도 많다 하던데
어디 그것뿐인가 사람이 사람 죽이는 덫에
나무 위로 독사가 오르내린다 하고
그 숲 못 헤쳐 길을 잘못 들은 것은 아닌지
아니면 폭탄 총탄 적군에게 붙잡혔나
그 생각이 옥죄는 마음 무엇으로 풀을까
그래도 오나 하고 문밖 내다 보면 아니고

누가 이야기 하면 귀가 솔깃 쏠린다
아들아 살아 돌아와 다오 내 아들아
아들아 내 아들아 네 죽은 것은 아니겠지
아직도 이 에미 너를 기다리고 있어
아들아 내 아들아 월남의 달이 여기 달만하디
몇 번을 그린 에미였고 얼마를 불렀니
보리 방아 찧어 밥 지어놓고 쌀도 섞었어
괴기(고기) 살 돈도 마련 해놓았어
아들아 이 편지 네 편지가 맞니
살아 돌아와 다오 내 아들아
6.25에 너의 에비 소식 끊기더니
이제 네가 이 편지로 끊는구나
아들아 내 아들아 꼭 돌아와
이 에미 품에 한 번 안겨 주렴
아들아~ 아들아~

참외의 노을

유월의 끝무리 칠월이 오나
덥다는 칠월 한 달
얼마나 더울까
이 칠월 지나면
팔월이 오겠지
그 팔월에 보름이면
찬 바람 나고

달 반만 참으면
아침 저녁으로 서늘하니
주워 입을 옷 그리 멀지 않구나
꽂고 심어 놓았으니
무럭무럭 자라는 들
원두막에 들려 오는
기운 칠월의 매미 소리

이번 단봉에 어디 다녀 올까
냇가에 아이들
즐거울 것이고
어느새 옥수수 밭

옥수수잎 젓는 소리
칠월 저녁 서쪽 하늘
노을져 오겠지

동무의 고향

유월은 벚 오디
숨어 따던 울 밑 앵두이면
먹을 것에 참외 수박
이제 방학의 칠월인가

밤이면 소쿠리에
감자 옥수수 찐호박
어디 그것뿐이겠나
궂은 날의 밀 부침게

솥뚜껑에 기름 발라
밀 부침게 부치면
오가며 한 점씩
할머니의 꾸중

부추 호박 썰어넣고
양재기 젓는 할머니
익을새 없이 집어간다
그 야단의 부침게가 아닌가

마당 끝 저녁 노을
더 붉게 붉어라
멍석 위 저녁 밥상
검둥개도 즐거웠다

칠월의 그림자

지붕 넘어 저 하늘
파란히 더 멀고
부채에 얹는 세월
구름 따라 흐른다

더워 벗은 이 적삼
늙은 몸만 덥겠나
문간의 누렁이 개
더운듯 바라본다

부채질에 가는 세월
집안에 누가 있나
대청마루 어미 제비
내려 보며 짖어댄다

바람이라도 불면
이 부채 내릴 것을
흰 머리에 빠진 이
어느 세월이 물들였나

그림자 비켜서니
또 하루가 저무는가
아이들 오면 어쩌나
딴청이 피어진다

들녘의 칠월

칠월의 첫날이라
딛는 반 년의 하루인가
이 더운날이 며칠이나 될까
한 주 딛어 며칠이면
중순이 되고
그 중순 기울면
이 칠월도 잃는다

보름 안에 있던 일
보름 후에 일어날 일
부채질에 숨는 날짜
끝자락에 매미 울면
저무는 원두막
찬 바람 모으고

눈치 챈 뜸북새
먼 울음의 뻐꾹새
그 슬며시 떠난 자리
무엇이 남겠나
참깨꽃 떨어지는 날

하루가 다르고
넘어온 보릿고개 또 보인다

논병아리의 꿈

뜨겁기도 뜨거운 날
이 논 가운데 그늘이 있겠나
밀짚 모자 그늘 삼아
다랑이 논 흠치니
뽑는 풀 보다 근심이 더 잡히고
이 생각 저 생각 온몸이 다 젖는다

한 줌 뽑아 허리 펴 보려
몸 부추겨 일어서는 마음
손에 쥔 이 풀 보다
내일을 쥔 것 같고
둘러 보는 이 논 저 논
내집 논에 걱정 된다

끊긴 듯이 이 기슭의
그 뻐꾹새 울음
저 아래 논 뜸북새도
그렇게 떠난나
날마다 울던 울음
오늘도 안 들릴 것인지

참 내오는 아이 엄마
무엇이 저리 급한가
내게 붙들린 그 세월
아내에게 미안 하고
해 기울어 바람 부니
이 논 저 논 나부낀다

노을의 섬

누가 찾을 이곳인가
작년 그 작년
우리 집에 묵었던 이

아니면 홀로 찾아
물 한 모금 얻던 이

한 쌍은 그렇게
길 물어 떠났고

물 한 모금 얻던 이
다시 찾는다 했다

먼 발치서 보던 이들
언제 다시 찾을까
물 한 모금의 흔적 파도가 지운다

파도의 섬

소라의 미련인가
밀려와 부딪쳐
다시 부서지고
또 밀어 휩쓸며
그 흔적 지운다

소라 꿈의 하얀 날
그 하얀 날 부딪치면
이렇게 하얀 것인가
소라의 그 옛날
파도가 휩쓴다

어머니의 여름

콩밭으로 텃밭으로
쥔 호미 놓으니
막내 아이 칭얼대고
참외 깎아 입에 물리니
슬며시 가라앉는다

투덜대는 큰 아이들
투정에 싸움에
어떻게 해 말릴까
회초리 들어도 안 되고
잡으려니 도망간다

말 안 듣는 뺀질이들
앙살이나 하고
보리밥에 쌀 없는 날
그날은 그리 잘 아는지
마루 방 다 흠쳐놓고

우물둥치 설거지에
사내놈 풀 베고

감자 깐다 묻는 아이
파 뽑아다 다듬는 아이
보릿짚까지 나른다

콩밭까지 따라 오니
언제부터 왔나
저녁 풀 뽑아놓으면
미리 알고 나르는 아이
이 대견한 내 아이들

무슨 반찬을 만들까
저녁 반찬 생각
우리 이 예쁜 아이들
그렇게 밉던 내 아이들
콩밭의 해 더 저문다

툇마루의 여름

아니 불던 바람
옥수수잎 흔들고
보는 하늘 더 멀어라
한숨도 그날도
저 한 조각 구름 어디로 가나

앉아 있다 서 있다
힘들어 눕는 몸
누우니 눈 감기고
단몽에 그 잠깐
그곳이 어디인가

부치던 쥔 부채
머리맡에 깔려 있고
그 단몽에 다녀온 곳
기억이 안 난다
그저 허우적 서운한 마음

갈 곳인지 온 곳인지
그 곳이 어디일까

때 찾는 풀 포기
흔들리는 옥수수잎
너희는 그곳을 알고 있겠지

엄마의 딸

아가야
오늘은 뒤란 목욕하지 말고
날 어둡거든 앞 개울로 가자
오늘 엄마 따라 다니느라
땀 많이 흘렸지 머리도 감아야 하고
이 복날 콩밭 골건이에 네가 옆에 있으니 힘이 되는구나

아가야
수건 비누 챙겨놓았어
날 어두웠으니 어서 가자
그 바위 옆이 깨끗하겠지
우리 아가 어느새 다 컸구나
언제 컸니 벗겨 놓으니 부끄러워 할 줄도 알고

아가야
우리 아가 언제 컸을까
애호박 자라듯 이리 컸네
앞 가슴이 제법인데
물 차가워도 참아 비누질 해줄께
어려서는 몰랐는데 살결도 엄마 닮아 하얀이 곱구나

아가야
내 후년이면 더 커다란히
애띠 벗고 처녀꼴이 박히겠지
그런 줄 알고 준비를 했어
업을 띠 끊어 젖싸게에 그 베 수건
여자는 늘 치닥구리 할 것이 이리 많은거란다

아가야
동산 위 저 달좀 보려무나
아직은 아닌데 언제 들어 찰까
저러다 꽉 들어차 조금씩 깎아 버리고
끝내는 별만 남아 이 여름밤 수놓겠지
아가의 둑두칠성 은하수 별 모으며

• 4부 •

여름 하늘

한낮 뜨거워
못 올려 보았는데
저녁 무렵 시원하니
서쪽 하늘로 눈길이 간다

시원한 바람
뭉게 구름 두둥실
구름마다 다른 모형
저 구름은 무슨 모형일까

그때 보았던
그 기와집 지을 곳
아니면 또 무엇일까
흩어져 뭉치며 또 바뀌니

이번의 것은
찾았던 그 바위섬
다시 그린 그날인 듯
허공의 마음 빼앗아 간다

문간의 여름

초여름 지난 초복 중복이라
말복은 그만두더라도
이 여름을 어떻게 보낼까
멍석 펴놓은 문간 바람
부채질로 모으고
뒷산 자락 찬 우물 떠
물 한 모금으로 식힌다

눈으로 보는 이 더위
보이는 들녘 텃밭으로
하루 하루가 다르니
가을을 두고 어찌 덥다 할까
이 더운 날 뜨거워도
무더위 잊혀진다

소리로 듣는 무더위
어떻게 식혀야 하나
마루 끝 올라서니
어미 제비 지저귀고
바람 한 차례에 먹구름

천둥 번개 부르더니
어느새 소나기 청개구리 울린다

비오는 칠월

날궂이 하면
마음도 그런 것인가
잦아든 굵은 빗줄기
한 차례 지나더니
가랑비 부슬부슬
마음 빼앗는다

바라보는 낙숫물은
아니 빼앗을까
풀잎에 맺힌 빗방울
떨어져 지우더니
어느새 또 맺혀
옛날까지 젖어든다

눈 뗄 수 없는 가랑비의 뜰
줄 긋는 지렁이 어디로 가나
그 흔적 남기며 떠나는 지렁이
구름 걷혀 해 뜨면 그만인 것을
엉금엉금 큰 두꺼비
지렁이 흔적 가로 지른다

하늘의 약속

바라보는 먼 하늘도
머리 위의 구름도
마지막 뻐꾹새 울음에 젖어 들던 날
논 가운데 뜸북새 그 약속을 읽었다

그 무엇을 바라보며
하늘과 약속 했나
둘만의 사연 뻐꾹새 울음에 싣던 날
오는 들길의 뜸북새가 다시 읽었다

봉당

기어 나온 마루 끝이
이리 멀던가
한 두걸음의 엊그제가
앉아도 살이 없어
뼈가 배기는구나

기둥에 기대인 몸
이 들리는 소리가
다 무슨 소리인가
사람의 소리만
듣기 싫은 줄 알았는데

내려 보는 제비가
앙살을 하지 않나
지붕 넘는 까마귀
두리번 짖지를 않나
모두가 다 듣기 싫구나

들려도 안 들린다
거짓 해야 하는 몸

되 물어보면 귀찮어 하고
못 보고 안 들린다 하니
정말 그런 줄 아나

보이는 것 듣는 이 소리
누가 어서 바라보며
무슨 험담을 할까
세월의 그물 안
너와 내가 같을 것인데

칠월의 일기

칠월의 중순이라
남은 칠월이 며칠 될까
한 주 지나 두 주면
저무는 끝날 되고

끝날 안 초복 지나
열흘이면 중복 되나
중복 지나 말복은
넘긴 달력에 있을 것이고

아직은 남은 칠월
그 두 주 안이 얼마나 뜨거울까
넘겨본 팔월 달력 안
말복이 들어 있으니

뜸북새 떠난 자리
벼 이삭 패 오르겠지
그때면 매미 울음
찬 바람 모을 것이고

그 섬

찾는 이 없는 이곳
그렇게 쓸쓸했었는데
가을날인가 한 두명
봄날도 그랬었고

무덥다는 여름이어도
겨울 처럼 그래야 하는지
그 한 두명 길 잃었나
사랑 찾아 떠났나

적막의 이 작은 섬
지나는 배 스쳐가고
밀려와 머문 파도
아쉬움에 돌아선다

메주 쑤는 날

할머니의 깊은 생각
담배 찾는 할머니
생각이 깊으시다
성냥불 그대어
담배 피우는 할머니
재떨이의 까만 때만큼이나
할머니의 속도 까맣게 끄을렀을까
누가 알고 있는 할머니의 세월일까

애들아
오늘일랑 너희들 어디 가지 말고
다들 집에 있거라
아범은 짚까리에 쌓아놓은
좋은 청짚 찾아 추려놓고
어멈은 절구 닦아 엎어놓으려므나
그리고 아범 너는 뒷산에 올라
긴 작대기 감 몇개 골라 잘라오고

장작은 작년에 쌓아 놓았으니
바짝 말라 잘 탈 것이니

내 큰 솥 닦아 물 부은 다음
그 장작 불은 내가 집히마
어멈 너는 우물둥치 소쿠리의 콩
물 한번 더 내린 다음
그 콩 날라다 이 큰 솥에 붓고
아이들 다 내쫓아라

누가 할머니의 말을 거역 할까
아이들 기웃기웃 나갔다 들어오고
김 서린 부엌 시간이 기다린다
봄부터 가꾸워온 콩밭의 그 시간
여름날 뜨겁기도 얼마나 뜨거웠나
뜨거움의 복날에 콩잎은 뜨겁지 않았다
콩 꼬투리에 들어 있는 가을날 할머니의 꿈
그 꿈인가 뒷동산 보름달이 수수잎 사이로 내려 보았다

동무의 노을

동무야
하루만 저무는 줄 알았는데
세월의 그림자도 저만치 늘려 가는구나
때 되면 다 이런 것이니 인생도 저물고
문득 이 무더운날 옛 생각에 젖는구나
그 많은 들꽃도 오늘 따라 눈 안에 들어오고
다 큰 아이들 앞에 주책일런지는 몰라도
늙으면 그 시간을 잊는거냐
아니지 않니 늙어도 옛날은 누구나 있는 것이니까
이제 숨어 그려 보는 옛날이 되었으니
그만큼 세월이 흘렀다는 것인지 아니면
너와 내가 꿈 속의 그날을 찾았던 것인지

이 무더위를 잊는 듯 그날들이 떠 오르는구나
너와 내가 안 다닌 곳이 어디에 있고
우리들 안 놀던 곳이 어디에 있겠니
다녔던 곳마다 새롭게 떠 오르는 그날들
무엇을 얻으려 그리 헤집고 다녔는지
날마다 속 옷 없이 삐져 나오면 놀려댔고
소낙비에 원두막 밑 찾으면 그 노란 참외들

그 소나기와 상관 없이 쫓아낸 그 할아버지
그때 그 주인 할아버지 너무 미웠었지
이제 가슴에 넣고 그려 보는 그 옛날
그 때가 저무는 것이 아니라 세월이 저물고
저무는 세월의 노을이 그 노을 보다 더 붉게 물드는구나

마지막 사랑

만남은 인연의
잘못이었고
미움은 사랑의
잘못이었다

미워 했기에
사랑 했었고
사랑 했기에
미워 했었다

단 하나의 미련
그 미련의 잘못은
실 가닥의 정이었고
모두의 잘못은 그 그리움이었다

봉숭아의 뜰

외로운 봉숭아
다시 찾았네
홀로 피어 누구를 기다리나

기나 긴 그리움
연분홍의 꽃
작년에 빨갛던 외로움의 꽃

쓸쓸한 초가에
이맘때 피는
외로운 봉숭아 잠이 들었네

여름 언덕

가물가물 보이는 곳
저 먼 곳 찾아 나서면
지금이라도 갈 수 있으련만
나의 옛날은 못 가는 곳인가

여기 이 곳에 오르니
다 내려다 보이고
실가닥의 옛날도
저 먼 곳과 가물댄다

한숨에 보이는 곳
저 먼 곳이 어디인가
옛날처럼 가늘게
더 늘어져만 가는 곳

바람 불어 쉬자 하니
무엇을 내려 놓을까
실가닥의 옛날도
보이는 저 먼 곳도

나 기억 하는 이 누구요
누가 불러 줄 나의 이름인가
실가닥에 매달린 몸
이 산마루에 묻는 그날

오르는 언덕의 들꽃 처럼
시절의 그 들꽃 반겨 주니
뒤 안 보는 구름 따라
이 마음도 산 넘는다

노을의 통보

보내는 당신의 그날도
받는 나의 하늘도
무너져 내리는 이 순간
무엇으로 막을까요

영원 하자 하던 그 약속
다녔던 곳 찾았던 곳
우리 사랑 가엾어라
가엾은 우리의 사랑 어떻게 하나요

아름다운날에 흔적들
행복의 그날도
흘렸던 그 눈물도
이제 이 순간 버려야 하나요

다시 읽어 보는 마지막 편지
그런 줄 알면서 아니라 하는 마음일까
모두를 지워야 하는 날
못 잊어도 잊어야 하는 메이는 이 가슴

나 여기에서 무엇 하고 있나요
설마하니 마지막 편지가 아니겠지요
내일도 있고 그 훗날
다음이 우리를 기다려 줄 테니까요

이슬의 꿈

이 넓은 세상
날마다 뜨는 해
당신은 저 하늘을
몇 번 올려 보았나요

올려 보았다면
땅에 없는 것이
무엇이던가요

이웃 보며 지나온 날
모두 기억 하나요
셈 안의 그 날이
며칠 될 것이고요

걸어온 길 가야 할 길
집어 넣고 채운 것
감아놓은 정까지

모든 짐 내리는 날
그 날이 병든 날이라면

눈 감아야 하는 날은
무슨 날이 될까요

원두막 길

초복 무렵 그렇게 가고 싶던 원두막
중복 무렵 이맘때면 참외밭도 기우는가
원두막에 올라 서노라면
한눈에 보이는 참외밭 넘어 먼 들녘이 보였고
높다란 미루나무 아래로 수염 날리는 옥수수밭
그 시절 우리 고향 높은 곳이라고는
앉았던 원두막 소방 전망대 밖에 더 있었나

중복 끝자락 말매미의 세월 젓는 그 소리
바람 불면 더 크게 더 멀리 늘어졌고
세월의 저 건너편까지 늘어지는 듯
적막의 들녘에 뻐꾹새 울음도 멎었다
뜸북새는 안 그럴까 원두막 쓸쓸히 참외밭 흙 드러나고
가장자리에 삐뚤은 배꼽 참외의 아쉬움일까
참외 넝쿨 떠난 자리 원두막 길 노을진다

옥수수밭

부엌 건너 뒷문 밖
어머니의 여름 텃밭
겨울 바람에 추웠고
문풍지에 추웠다

문 삐걱 우는 소리
추웠던 겨울 텃밭
이른 봄 어머니는
그 쌓인 눈 녹였고

옥수수 씨앗 넣어
이 여름을 불렀다
몇 포기의 참외 넝쿨
매달린 노란 참외

호미끝 어머니의 꿈
누구 위한 꿈이었나
노란 참외 더 노랗고
옥수수잎 노래 했었다

팔월 문턱

저무는 칠월
가을이 숨었는가
눈치 챈 강아지풀
씨앗 맺어 숙이고
어쩌다 우는 뻐꾹새 울음
아쉬운 듯 끊어진다

여름이어도 숨은 가을
가을은 언제나 숨어서 오나
여름은 여름인데
가을이 온 것 같고
매미 울음 안 들려도
여름날의 가을이다

팔월 문턱 들어서
숨은 가을 들어나면
매미 울음 더 멀리
아침 저녁 선선 할까
참새 떼 기웃기웃
파란 들녘 지나겠지

노을의 하늘

산에도 오르고
바다도 찾았다

둘만의 그날에
별밤도 있었다

그 계곡의 약속
파도의 그 맹세

먼 훗날 된 오늘
우리의 그 사랑

못 잊을 옛 모습
눈 감고 그린다

친정의 여름

여기가 더운데
친정은 안 더울까
지금쯤 우리 엄마
들녘에 있겠지

두른 수건에 젖는 옷
그 옷만 젖었을까
나 기를 때 그 마음
옛날도 젖었겠지

이 무렵의 저녁
우리 엄마도 저녁
욕심 많은 우리 엄마
무엇 하고 있을까

남은 일 거두고
집에는 왔는지
여기 이 곳 노을지니
엄마의 집은 안 졌겠나

안 보아도 보이는 듯
바쁜 걸음의 우리 엄마
외갓집 잃은 우리 엄마
나 몇번을 그려 보았는지

장마의 고향

그 해인가
며칠의 가뭄에 그리 덥더니
바람 한 점 없이 하루 종일 더웠다
얼마나 비가 올까 걱정도 되었고
그 후덥지근함에 더웠던 날
뜨락의 개미 떼 제 알 물어 나르고

예측에 비 온다 민들레꽃 접힌 오후
얼마나 오려고 그리 더웠었나
그동안 안 오던 비 한 몫에 내릴 것 같고
점심 나절 지나 저녁 무렵 내리는 비
시커먼 구름에 해 지더니 더 내렸다
들이치고 패이고 바람도 한 몫

밤새워 내리는 비 얼마나 쏟아질까
소리로 듣는 빗줄기 막 퍼부어 댄다
손에 쥔 등불 꺼지니 무섭기도 하고
그리 쏟아져도 물꼬 보러 가는 아버지
삽 어깨에 둘러 메는 무거운 마음의 아버지
등불 꺼지니 맨 몸에 논길로 향한다

비 설거지의 어머니 무섭다 하는 어머니
등불 든 우리도 무서운데 어머니는 안 무서웠을까
추녀 끝까지 들이치니 고추 멍석 다 젖는다
뜨락으로 마루 끝으로 들이치는 빗줄기
부엌은 아니나 다를까 차 오르는 물 어떻게 하나
우리들 바가지에 대야 들고 퍼낸다

밤새워 퍼붓는 비 얼마나 내렸나
뜨락의 채송화 봉숭아 뿌리 드러나고
쓰러진 봉숭아의 뜰 돌 몇개 무너져 내렸다
어디 그것 뿐인가 초가에 비 스며들까 걱정 하는 아버지
수수깡 울타리 밑 복숭아 나무 쓰러져 눕고
더 내리면 어떻게 하나 집안 식구 모두의 걱정

텃밭 바라보는 어머니 얼마나 속상할까
열무밭의 열무 허연 뿌리 드러나 흙 패여 나갔으니
더 큰 걱정의 아버지 내려 앉은 논 둑 어떻게 하나
흙 속에 묻힌 벼 아까워 어떻게 하나
끊어진 봇도랑에 한숨 짓는 아버지
넘쳐 흐르던 개울 물 그 흔적 남겼다

별을 모으는 밤

초판 1쇄 발행 2023년 8월 14일

지은이 이원문

펴낸이 임병천
펴낸곳 책나무출판사
출판신고 2004년 4월 22일 (제318-00034)

주소 서울시 영등포구 신길3동 325-70 3F
전화 02-338-1228 **팩스** 0505-866-8254
홈페이지 www.booktree.info

ⓒ 이원문 2023
ISBN 978-89-6339-711-5 03810

*이 책의 판권은 지은이와 책나무출판사에 있습니다.
*양측의 서면 동의 없는 무단 전재 및 복제를 금합니다.
*잘못된 책은 바꿔드립니다.